# Denkspiele und Denksport für Hunde

Der Hunderatgeber mit den besten Hundespielen für mehr Agility, Intelligenz und Spaß

Sebastian Lohkamp

Alle Ratschläge in diesem Buch wurden sorgfältig erwogen und geprüft. Eine Garantie kann dennoch nicht übernommen werden. Eine Haftung des Autors beziehungsweise des Verlags für jegliche Personen-, Sach- und Vermögensschäden ist daher ausgeschlossen.

# INHALT

# Das erwartet Sie in diesem Buch

D a Sie sich dafür entschieden haben, dieses Buch zu lesen, sind Sie vermutlich selbst Hundehalter oder Sie interessieren sich sehr für die felligen Vierbeiner. Dementsprechend ist Ihnen sicher bekannt, dass Hunde so einiges auf dem Kasten haben. Was genau sie aber geistig so leisten können und zu welchen beeindruckenden Dingen sie fähig sind, erfahren Sie im ersten Kapitel des Buches. Es geht darum, wie Hunde menschliche Verhaltensweisen interpretieren, wie sie Wörter verstehen, und Sie erfahren etwas über das episodische Erinnerungsvermögen von Hunden. Des Weiteren stelle ich in diesem Buch heraus, wie wichtig die individuellen Bedürfnisse des Vierbeiners sind und wie man die Denkspiele an diese Bedürfnisse anpasst. Darüber hinaus zeige ich die Folgen von Unterforderung und Langeweile bei Hunden auf, die einer ungenügenden geistigen Auslastung unterliegen. Dass viele Verhaltensstörungen auf eine mangelnde Beschäftigung zurückzuführen sind, ist nicht zu unterschätzen.

Umso besser sind die zahlreichen positiven Auswirkungen, die der Denksport auf Hunde hat. So fördert er zum Beispiel die Geduld, trainiert die Impulskontrolle und sorgt für ein engeres, vertrauteres Verhältnis zwischen Hund und Besitzer. Um später die Hintergründe der Denkspiele zu verstehen, werden Sie zunächst darüber aufgeklärt, auf welche Art und Weise ein Hund lernt und welche Lernmethode für Denkspiele geeignet ist. Dabei wird auch das Clicker-Training aufgegriffen, welches eine hilfreiche Unterstützung beim Antrainieren der Denkaufgaben darbieten kann. Bevor es mit den Denkaufgaben losgeht, gebe ich Ihnen einige Tipps und Grundregeln mit auf den Weg, die während, zwischen und nach den Denkspielen beachtet werden sollten. Wichtig sind hierbei zum Beispiel die Häufigkeit des Trainings, der passende Ort und die Auswahl der verwendeten Belohnungen.

Die eigentlichen Denkspiele lassen sich in verschiedene Schwierigkeitsstufen unterteilen und unterscheiden sich in der Durchführung. So muss sich der Hund zum Beispiel durch Umwerfen eines Turmes oder Entrollen eines Handtuchs selbst eine leckere Belohnung erarbeiten, beim Zählen beispielsweise bekommt er diese aber vom Halter. Zudem kann er erlernen, Leckereien aus einem Wasserbecken zu fischen oder Formen und Farben voneinander zu unterscheiden. Ihnen werden vielfältige Ideen mit Varianten zur Abwandlung geboten, die sofort zu Hause umgesetzt werden können.

# Die Intelligenz unserer Vierbeiner

**H**unde sind nicht viel schlauer als Bären, Hyänen oder Löwen. Jedoch ist jede Intelligenz einzigartig und so sticht auch der Hund mit seinen beeindruckenden geistigen Leistungen hervor. Dessen Gehirn weist über 530 Millionen Neuronen auf, mehr als doppelt so viele wie das Katzengehirn, und erlaubt ihnen, rein biologisch betrachtet, diverse komplexe Dinge anzustellen. So veröffentlichte das Magazin „Science" im Jahr 2016 die Ergebnisse einer Studie der

Eöttvös-Loránd-Universität in Budapest, die ein Vokabelverständnis des Hundes bewiesen, welches sich als unabhängig von der Betonung zeigte. Dabei wurde die Hirntätigkeit der Probanden in einem Magnetresonanztomografen untersucht, während man sie Worten mit Bedeutung betont und unbetont sowie Worten ohne Bedeutung ebenfalls mit und ohne Betonung aussetzte.

Das Ergebnis zeigte, dass erlernte Worte sehr wohl unabhängig vom Tonfall identifiziert werden können, und erstaunlich dabei ist, dass die Verarbeitung mit der linken Gehirnhälfte – genau wie beim Menschen – erfolgt. Den privaten Untersuchungen von Stanley Coren zufolge, einem amerikanischen Psychologen und Hundeforscher, seien Hunde ähnlich intelligent wie ein zweijähriges Kleinkind. Vielen Hunden sei es ein Leichtes, über 250 Wörter zu verstehen, und so manch ein Ausnahmefall ist sogar dazu in der Lage, über 1000 Vokabeln voneinander zu unterscheiden, so wie Border Collie Chaser.

Darüber hinaus wird in einem Artikel von „Current biology", veröffentlicht 2016, über eine Studie berichtet, die das episodische Gedächtnis von Hunden untersuchte. Hierbei wurde Hunden, zunächst das „Do as I do"-Kommando, die Imitation einer vom Menschen ausgeübten Bewegung, beigebracht. Anschließend wurde ihnen, entgegen ihren Erwartungen, befohlen, das Kommando „Platz" auszuüben, sich also hinzulegen, anstatt die gerade gezeigte Handlung zu imitieren. Das Kommando zum Nachahmen gab man ihnen dann später in einem unerwarteten Moment. Das Ganze wurde dann in unterschiedlichen Zeitabständen erprobt und es stellte sich heraus, dass sich Hunde sogar eine Stunde (!) nach Ausführung einer zu imitierenden Handlung an diese erinnern können. Das spricht für ein episodisches Erinnerungsvermögen des Hundes, was bedeutet, dass das Gehirn auch vermeintlich nicht relevante Informationen und Erfahrungen abspeichert, auf die es später zurückgreifen kann. Ausschlaggebend in diesem Experiment war die Willkürlichkeit des verspäteten Imitationskommandos. Diese Art von Erinnerungsvermögen sei eng verbunden mit einem Selbstbewusstseinsempfinden und wurde lange nur uns Menschen zugeschrieben.

Und es geht noch weiter: Wissenschaftler des Max-Planck-Instituts lieferten 2021 klare Hinweise darauf, dass Hunde absichtliche von versehentlichen Handlungen unterscheiden und daraus Rückschlüsse ziehen können. Dabei wurden Hunde mit drei unterschiedlichen Szenarien konfrontiert. Zuerst erhielten sie durch eine Öffnung in der vor ihnen aufgestellten Trennwand Belohnungen. Die Trennwand ließ sich allerdings auch umrunden. Als Nächstes wurden die Belohnungen einmal aus Ungeschick nicht durch die Öffnung gegeben (Versehen), bei einer weiteren Runde wurde das Leckerchen absichtlich für den Hund erst mal scheinbar unerreichbar vor die Trennwand gelegt. Das dritte Szenario bestand darin, eine Blockade der Öffnung vorzutäuschen und somit zu vermitteln: „Es ist mir, entgegen meinem Wunsch, nicht möglich, dir die Belohnung zu geben".

Bei der absichtlichen Vorenthaltung zögerten die Hunde länger, sich das Leckerchen durch Umrunden der Trennwand selbst zu holen. Bei den beiden unabsichtlichen Szenarien erkannten die Hunde, dass der Mensch bereits die Intention hatte, ihnen die Belohnung zu geben, und so schätzten sie ein selbstständiges Holen der Leckerei als angebracht ein. Dies beweist, dass Hunde dazu in der Lage sind, sich in den Menschen hineinzuversetzen, was ihnen eine hohe kognitive Leistung abverlangt, die bislang ebenfalls nur den Menschen zugetraut wurde. Das geht Hand in Hand mit ihrer vergleichsweisen außergewöhnlich hohen Fähigkeit, menschliche Kommunikation zu erkennen und zu deuten.

Das ist hauptsächlich der Domestikation geschuldet, die vor ca. 40.000 bis 150.000 Jahren begann, also sehr weit zurückliegt. Sie startete mit einer Zähmung des Wolfes und mündete in die völlige Abhängigkeit gegenüber dem Menschen. Folglich hat der Haushund ein kleineres Gehirn als der ursprüngliche Wolf, was auf das Fehlen der lebensnotwendigen Selbstversorgung zurückzuführen ist. Somit richtet sich der Hund bei Problemen schneller an das Herrchen oder Frauchen (Stangl, 2022).

Wölfe und Hunde sind Rudeltiere mit sehr ausgeprägtem Sozialverhalten und einem umfassenden Ausdrucksrepertoire. Durch gemeinsame Tätigkeiten, wie etwa das Jagen, ist eine gleichmäßige Energieverteilung im Rudel erforderlich, sodass alle Rudelmitglieder gleichmäßig ausgeruht sind, wenn es an das Bewältigen einer Aufgabe geht. Deshalb passen sie sich in ihrer Aktivität dem Rudelführer an. Die hohe Komplexität des Hundegehirns, gepaart mit dem stark ausgeprägten Sozialverhalten, führt dazu, dass der Wolf/Hund vor allem im Sozialverband sein Köpfchen benutzt. Beim Beobachten des Hundes, zum Beispiel im Spiel, lässt sich feststellen: Es werden aktiv Strategien entwickelt und das Handeln wird genau durchdacht, wenn es darum geht, dem Spielpartner den Weg abzuschneiden oder ihm das Spielzeug zu entreißen. Daraus folgt, dass sich Hunde ungern selbst unterhalten und in unserem Umfeld schnell Langeweile auftritt, wenn keine Beschäftigung gegeben ist. Das Rudel ist beim Haushund hierzulande in der Regel der Mensch, also ist es unsere Verantwortung, für das Wohlergehen des Hundes zu sorgen, indem wir mit ihm interagieren und ihm Aufgaben zur Verfügung zu stellen, die ihn geistig fordern, wie es im natürlichen Vorkommen ebenfalls von ihm verlangt würde.

# Individuelle Bedürfnisse

Wie wir haben Hunde natürlich auch ihre individuellen Stärken und Schwächen. Je nach Veranlagung und Bedürfnis des Hundes muss das Training an ihn angepasst werden, wobei spezifische Rasseeigenschaften gefördert werden sollten. Während Hütehunde beispielsweise eine große Fähigkeit zu enger partnerschaftlicher Arbeit besitzen, sind viele Jagdhunderassen eher selbstständig. Jagd- und Hütehunde sowie Schutz- und Herdenschutzhunde haben häufig ein besonders hohes

Bedürfnis, Verhaltensweisen aus ihrem ursprünglichen „Aufgabengebiet" auszuüben, wobei die Kopfarbeit einen essenziellen Teil darstellt! Border Collies sind als Hütehunde eine der intelligentesten Rassen überhaupt, was auf ihr ursprüngliches Einsatzgebiet zurückzuführen ist. Erkundigen Sie sich über die Rasseherkunft und somit über die Veranlagungen Ihres Hundes.

Nun kann man natürlich nicht mit jedem Hund die gleichen Spiele durchführen. Etwas mehr Geduld braucht man beispielsweise beim Boxer oder bei der englischen Bulldogge, bei welchen zusätzlich auch die Feinmotorik vergleichsweise schwach abschneidet. Durch die überhängenden Lefzen haben sie Schwierigkeiten dabei, fragile Gegenstände mit dem Maul zu greifen. Für sie wären also Übungen mit viel Pfoteneinsatz besser geeignet. Schäferhunde, wie der deutsche, holländische oder der belgische, lernen durchschnittlich schnell, während Border Collie und Australian Sheperd nicht nur viel Intelligenz, sondern auch eine ordentliche Portion Neugierde an den Tag legen. Sie brauchen viel Variation, denn häufig sind zu leichte Denkaufgaben schnell langweilig.

Auch das Alter der Hunde sollte berücksichtigt werden: so brauchen Welpen bis zum 5. Lebensmonat noch keine Denk- und Intelligenzspiele, da sie ausgiebig damit beschäftigt sind, neue Eindrücke zu verarbeiten, mit Reizen umzugehen und die Umwelt zu erkunden. Das Alter der Hunde beeinflusst auch die Denkweise:

Eine Studie des Messerli Forschungsinstitutes der veterinärmedizinischen Universität in Wien bestätigte, dass ältere Hunde weniger flexibel denken als jüngere und eine geringere Merkfähigkeit als diese aufweisen. Dafür sind ältere Hunde allerdings besser aufgestellt, wenn es darum geht, logische Schlüsse zu ziehen. Natürlich gilt es, auch zu beachten, dass das Augenlicht, der Geruchssinn und der Hörsinn im Alter nachlassen. Da kann es schon mal sein, dass zu kompliziert verpackte Leckerchen nicht erschnüffelt werden oder Farben nicht wie gewünscht erkannt werden. Wenn Sie Ihr Tier stets beobachten, wissen Sie wahrscheinlich am besten, was Ihr Vierbeiner für Talente vorweist und was ihm Spaß macht.

# Langeweile und Unterforderung: Symptome

Die Symptome von mangelnder Auslastung sind vielfältig: Neben geistigen Unausgeglichenheiten und Verhaltensauffälligkeiten zeigt sich Unterforderung auch körperlich. Typische Auswirkungen von Langeweile sind Antriebslosigkeit oder Nervosität, forderndes Verhalten wie andauerndes Jammern, Springen oder Bellen sowie fehlende Aufmerksamkeit gegenüber dem Halter auf Spaziergängen. Der Hund hat hierbei gelernt, dass er sich selbst beschäftigen muss, und ist dann oft auch nicht abrufbar, wenn es notwendig ist. Ebenfalls ist das Risiko auf allgemeine unerwünschte Verhaltensweisen und Ersatztätigkeiten größer, so zum Beispiel das Jagen von Fahrradfahrern, Wild oder auch Leinenaggression. Dadurch kompensiert er bestimmte Bedürfnisse und wird seine überschüssige Energie los. Hunde beispielsweise, die sich sehr ausdauernd und hartnäckig in eine Verhaltensstörung hineinsteigern, sind meist genauso akribisch, wenn sie eine Beschäftigung ausüben, die ihnen Spaß macht.

Nehmen wir als Beispiel einen Hund, der sich unaufhörlich über Geräusche im Treppenhaus aufregt oder an der Leine andere Hunde anbellt. Natürlich sind solche Verhaltensstörungen auch auf andere Ursachen zurückzuführen, aber eine große Komponente in der Problemlösung stellt meist einfach die artgerechte Beschäftigung dar. Gerade bei Hunden, die ursprünglich als Arbeits- und Nutzhunde gezüchtet wurden, passiert es schnell, dass sie sich schlechte Gewohnheiten aneignen, wenn ihnen langweilig ist. Man merkt aber bereits kurz nach der Angewöhnungsphase: Genau diese Hunde zeigen den meisten Spaß und oft auch das größte Talent an der Arbeit mit dem Köpfchen und vor allem gemeinsam mit ihrem Herrchen/Frauchen. Es kann gut sein, dass sich dadurch schon viele Probleme ganz von selbst lösen, da Ihr Hund nun keine alternative Tätigkeit braucht, um seine ganze geistige und körperliche Energie loszuwerden.

Ein ebenfalls übliches Langeweile-Symptom sind Formen von Autoaggression wie das Wundlecken der Pfoten oder das vermehrte Knabbern an bestimmten Körperstellen. Auf lange Frist kann Unterforderung eine Verkümmerung des Denkvermögens und auch Demenz hervorrufen. Da der Hund sich an das Nichtstun gewöhnt, wird ebenfalls der Stoffwechsel heruntergefahren und es kann sich sogar die Hormonausschüttung verändern.

# Warum Denkaufgaben glücklich machen

Ich glaube, jeder Hundebesitzer hat den Wunsch, dass sein Hund glücklich ist. Das Gute: Vermeintlich einfache Denkspiele und -aufgaben können einen großen Teil dazu beitragen, diesem Wunsch nachzukommen, denn die positiven Auswirkungen sind zahlreich und vielfältig. So werden die Fantasie und die Kreativität des Hundes angeregt und der natürliche, geistige

Abbau wird durch die ständige Benutzung des Gehirns gebremst. Beim Bewältigen schwieriger Aufgaben kommt es zugleich zu einer Aufbesserung des Selbstvertrauens. Dabei funktioniert ein Hund nicht anders als der Mensch: Wenn knifflige Situationen dazu führen, dass wir uns richtig anstrengen müssen, um Erfolg zu haben, dann zeigt uns das, wie viel Kraft und Können wir tatsächlich haben und zu welchen weitreichenden Leistungen wir eigentlich fähig sind. Dem Hund geht es genauso: Das resultierende Erfolgserlebnis einer bewältigten Herausforderung wird abgespeichert und später auf andere Situationen übertragen. Das trägt einen großen Teil zu einer souveränen Persönlichkeit bei, bei uns und genauso bei unserem Vierbeiner.

Bei Spielen, in denen Hund und Besitzer zusammenarbeiten, werden die Bindung und das Vertrauen untereinander gestärkt und der Hund wird aufmerksamer in Gegenwart seines Herrchens/Frauchens. Das liegt daran, dass der Hund lernt, dass eine Zusammenarbeit mit seinem Halter Spaß macht und auch, dass eine Kooperation zu erfüllenden Ergebnissen führt. Er verknüpft das gemeinsame Zusammenarbeiten als etwas Positives.

Konzentration, Geduld und Impulskontrolle sind ebenso wichtige Stichworte, die auch in alltäglichen Situationen den Stresspegel positiv beeinflussen. Bei Denkspielen ist nämlich häufig viel Geduld und Ruhe gefordert, bevor die Belohnung freigegeben wird. Dabei kann seitens des Vierbeiners festgestellt werden, dass es zielführend ist, überlegt und sorgfältig zu handeln, anstatt hektisch und ungeduldig ans Ziel gelangen zu wollen.

Impulskontrolle beschreibt die Fähigkeit, Emotionen zu kontrollieren und die eigenen Bedürfnisse zurückzustellen. Wenn es beispielsweise darum geht, auf kompliziertem Wege zu einem Leckerchen zu gelangen, stellt sich der Impuls ein, dieses ohne Umwege zu verspeisen, schließlich hat man ja Appetit. Das ist aber nicht möglich, da sich der Hund die Belohnung erst einmal erarbeiten muss. Deshalb muss er diesem Reiz widerstehen und besonnen bereits erlerntes Wissen anwenden und kombinieren, um sein Bedürfnis zu befriedigen. Dieselbe Impulskontrolle ist gefordert, wenn Sie Ihren Hund zum Beispiel beim Spielen abrufen. Er muss sich aktiv gegen seinen

Impuls – das Spielen – entscheiden und die erlernte Alternative – das Rankommen – bevorzugen.

Der Hund erlernt bei Denkspielen vor allem das selbstständige Lösen von Problemen. Er muss sie identifizieren, ausprobieren, nachdenken, Einsicht gewinnen und schlussendlich die passende Lösung finden. Wird dieses Verhalten auf andere Probleme übertragen, so wird Ihr Hund souveräner, zum Beispiel im Kontakt mit Artgenossen oder überall dort, wo diese kognitive Leistung gefordert ist. Zusammenfassend lässt sich das Ganze wie folgt auf den Punkt bringen: Der Hund wird mit der richtigen geistigen Auslastung einfach ausgeglichener und hat weniger Stress.

# Wie lernen Hunde?

Anders als bei uns Menschen lautet das Stichwort beim Hund „lernen durch Verknüpfung". Dabei wer-den auftretende Ereignisse mit allen aktuell vorhandenen Sinneseindrücken verknüpft. Dazu gehören nicht nur äußere Reize der Umwelt, sondern auch das eigene Befinden. Deshalb ist es für einen Hund auch so wichtig, dass er sich während der Lernphase wohlfühlt, damit das Gelernte mit seiner guten Stimmung assoziiert wird. Da der Hund vollkommen umgebungsabhängig lernt, muss Angearbeitetes in verschiedenen Lokalitäten und Situationen trainiert werden, bevor es richtig sitzt. Die einzigen Konstanten sind hierbei die Übung selbst und die Belohnung. Von essenzieller Wichtigkeit ist bei der Anwendung von Denkspielen, dass Hund und Halter Spaß haben.

Demzufolge leite ich nun zu den gängigen Erziehungs- bzw. Lernmethoden über, aus denen bei den im folgenden Verlauf vorgestellten Denkspielen jedoch nur eine von großer Bedeutung ist.

Unterschieden wird zwischen vier Praktiken: Die **positive Verstärkung** beschreibt eine positive Konsequenz, zum Beispiel eine Belohnung, die auf erwünschtes Verhalten folgt. Diese Belohnung muss nicht unbedingt Futter sein. Viele Hunde schätzen ein lobendes Wort oder eine kurze Streicheleinheit mehr als eine Leckerei. Dadurch wird das entsprechende Verhalten gefördert, der Hund hat also das Bestreben, dieses wiederholt und vermehrt auszuführen, wobei andere, nicht belohnte Verhaltensweisen vermindert werden.

Bei der **negativen Verstärkung** wird dem Hund etwas Störendes entzogen. Ein Beispiel dafür ist ein unangenehmer Druck, der auf das Hinterteil ausgeübt wird, wenn sich der Hund hinsetzen soll. Bei der Ausführung des gewünschten

Verhaltens, also dem Hinsetzen, wird dieser Druck dann entfernt.

Anders verhält es sich bei der **positiven Bestrafung**: Dabei wird dem Hund eine negative Konsequenz infolge von ungewolltem Verhalten zugefügt. Ein Beispiel dafür ist ein unerwarteter „Ruck" in der Leine bei übermäßigem Ziehen.

Im Gegensatz dazu wird bei der **negativen Bestrafung** etwas entfernt, was der Hund gernhat. Dies kann zum Beispiel Aufmerksamkeit sein. Ein beispielhaftes Szenario sähe wie folgt aus: Auf ständiges unerwünschtes Bellen hin ignoriert der Besitzer seinen Vierbeiner und gibt ihm nicht die geforderte Zuwendung, sodass dieser selbst lernt, dass sein „schlechtes" Verhalten nicht zum Ziel führt.

Der Fachbegriff für diese vier Lernformen lautet „operante Konditionierung".

Angesichts dessen, dass der Hund beim Lernprozess alle gegebenen Reize und Emotionen miteinander verknüpft, bin ich der Überzeugung, dass die positive Verstärkung die für Hund und Halter am besten geeignete Variante ist. Bei den vorgestellten Denkspielen wird fast ausschließlich mit dieser gearbeitet. Wenn man es jedoch genau nehmen will, tritt auch die negative Bestrafung in Kraft, da dem Hund bei „falschem" Verhalten eine Belohnung vorenthalten wird, die er gernhätte. Generell lässt sich häufig feststellen, dass beim Training verschiedene Methoden der operanten Konditionierung ineinander übergreifen.

Da direkte Verknüpfung bei Hunden der Kern des Lernens ist, ist es empfehlenswert, einen Clicker zu benutzen. Dieser dient dazu, eine Belohnung vorauszusagen. Dazu wird der Hund zuerst auf den Clicker konditioniert: Dies erfolgt, indem er zeitgleich mit dem „Click"-Geräusch eine Belohnung erhält. Das wird so oft wiederholt, bis der Hund verstanden hat, dass das „Click" Futter bedeutet, er Sie also zum Beispiel erwartungsvoll ansieht, speichelt oder eine große Euphorie auf das Clickern folgend verspürt. Die gleichzeitige Futtergabe während des Klicks sollte an mehreren aufeinanderfolgenden Tagen wiederholt werden. Der Clicker kann überall dort eingesetzt werden, wo normalerweise mit Futter belohnt wird. Das kann zum Beispiel während des Trainings oder auf Spaziergängen sein und natürlich ist er auch bei vielen Denkspielen sehr gut geeignet.

Nachdem eine gewünschte Handlung ausgeführt wird, erfolgt unmittelbar danach ein Click und dann die entsprechende Belohnung. Durch die lediglich minimale Zeitversetzung des „Click", kann der Hund seine Handlung sofort mit etwas Positivem, dem Clicker, verbinden und ist daher geneigt, dieses Verhalten häufiger zu zeigen. So lernen Hunde oftmals deutlich schneller, weil beim herkömmlichen Lob mit der Stimme oder dem Leckerchen die Zeitspanne zwischen der zu belohnenden Handlung und der Belohnung zu groß ist. Manchmal kann der Hund dies dann nicht verknüpfen und weiß im Nachhinein gar nicht genau, wofür er die Belohnung eigentlich bekommen hat.

Ein weiterer Vorteil des Clickers besteht darin, dass er sich unter allen Umständen gleich anhört. Unsere Stimme, versteht sich, hört sich jedes Mal etwas anders an, wenn wir unseren Vierbeiner loben, folglich ist das Lob für den Hund nicht gleichwertig. Wollen Sie aber trotzdem nur die Stimme verwenden, dann empfiehlt sich die Verwendung eines sogenannten „Markerworts". Hierbei handelt es sich um ein Wort, welches im allgemeinen Sprachgebrauch möglichst selten verwendet wird und dessen Aussprache immer möglichst gleich klingt. Auch dieses Markerwort ist als Vorankündigung für eine Belohnung zu verstehen, um den Zeitabschnitt zwischen Handlung und Lob möglichst klein zu halten. In diesem Buch gibt es zwei Arten von Denkspielen: Solche, bei denen der Hund die Belohnung (Futter) vom Herrchen/Frauchen erhält, und solche, bei denen sich der Hund seinen Leckerbissen selbst erarbeitet, ihn also „findet". Im ersten Fall kann der Einsatz eines Clickers oder auch eines Markerworts sehr nützlich sein.

# Basics – Was es zu beachten gilt

E s gibt einige Grundregeln, die es bei der Durchführung von Denkspielen zu beachten gilt, damit der Hund den Spaß am Training behält und sich weder eine Über- noch eine Unterforderung einstellt. Der größte Einflussfaktor für die Motivation ist die Dauer: Diese sollte nicht über 5 bis 15 Minuten je Einheit betragen. Hat Ihr Hund große Schwierigkeiten dabei, sich zu konzentrieren, ergibt es Sinn, vorerst mit 5-Minuten-Einheiten zu beginnen und später die Dauer Stück für Stück auszuweiten. Denken Sie dabei einmal an ausgebildete Rettungs- oder Such-hunde: Diese werden in der Regel nach 20 Minuten abgelöst, da die Konzentration nach kurzer Zeit stark abfällt. Am Tag können 2 bis 3 Einheiten erfolgen, aber auch hier kommt es ganz auf Ihren Vierbeiner an. Beobachten Sie ihn gut und finden Sie heraus, was für ihn das Richtige ist.

Zudem ist es sehr wichtig, dass die Übung immer positiv beendet wird. Am besten ist es, aufzuhören, wenn der Hund etwas besonders gut gemacht hat oder das Training gerade am meisten Spaß bereitet, denn das, was zuletzt passiert, bleibt in der Erinnerung am präsentesten. Falls eine Übung mal gar nicht funktioniert, so sollte man abbrechen und zum Abschluss ein Kommando benutzen, welches der Hund sicher beherrscht und dessen korrekte Ausführung dann überschwänglich loben. Falls man bemerkt, dass Aufmerksamkeit und Motivation nachlassen, ist es ebenfalls an der Zeit, die Einheit zu beenden. Am wichtigsten ist es, dass Frust vermieden wird, denn Denkspiele und -übungen sollten nie unter Druck, Zwang oder sonstigen negativen Gefühlen erfolgen.

Anschließend komme ich zum nächsten Punkt: Die Erarbeitung der Belohnung erfolgt größtenteils über das Trial-and-Error-Prinzip, was auf Deutsch so viel heißt wie „Versuch und Irrtum". Der Hund soll also durch Nachdenken verschiedene Lösungsansätze entwickeln und diese erproben. Ist ein Ansatz nicht zielführend, kann dieser demnach ausgeschlossen werden. Somit lässt sich sagen, dass Denkspiele nur mit positiver Verstärkung durchgeführt werden, diese kommt dann nämlich automatisch durch die Belohnung. Wenn der Hund einen „Fehler" macht, sollte jener nicht kommentiert werden. Grundsätzlich gilt also, dass die Erarbeitung nicht vom Halter beeinflusst werden sollte. Sollte Ihr Hund einmal über längere Zeit so gar keinen Ansatz finden, so ist es auch mal in Ordnung, einen Tipp zu geben. In der Regel ist dies aber auch ein Zeichen dafür, dass die geforderte Aufgabe zu anspruchsvoll gewählt wurde.

Die Schwierigkeitsgrade sollten natürlich immer an die Fähigkeiten Ihres Hundes angepasst sein. Um Langeweile zu vermeiden, können bewältigte Spiele erweitert oder durch neue ersetzt werden. Auch die verwendeten Belohnungen, versteht sich, sind ein ausschlaggebender Faktor für die Bereitschaft, die erwählte Aufgabe durchzuführen. Wenn ein neues Denkspiel erprobt wird, so ist es sinnvoll, überaus attraktive Leckerchen einzusetzen, um das Spiel für den Hund besonders ansprechend zu gestalten. Dies steigert die Motivation, denn er weiß: Wenn jenes Spiel gespielt wird, passiert etwas Tolles/Leckeres. Diese Verknüpfung bleibt auch nachhaltig bestehen, selbst wenn nach Überwindung der Einführungsphase zu normalen Belohnungen zurückgegriffen wird. Solche besonderen Leckereien können zum Beispiel Gouda, schnittfeste Hundewurst oder Hundeleberwurst aus der Tube sein. Bei mäkeligen Fressern eignen sich solche schmackhaften Snacks ebenfalls.

Sollte Ihr Hund zu Übergewicht neigen, ziehen Sie die entsprechenden Kalorien von der Hauptmahlzeit ab, benutzen Sie kalorienarme Leckerchen oder verwenden Sie das übliche Trockenfutter. Abschließend ist ebenfalls wichtig zu beachten, dass Denkspiele und -übungen am besten an unterschiedlichen Orten ausgeübt werden. Beispielsweise kann man mal in einem anderen Raum oder draußen an variablen Standorten trainieren. Häufig lernen Hunde nämlich umgebungsabhängig. Wird diese plötzlich gewechselt, ist der geistige Anspruch viel größer, selbst wenn es sich um die identische Übung handelt. Vielleicht haben Sie schon mal von den sogenannten Hundeplatz-Alleskönnern gehört. Sie sind in der Lage, auf dem Hundeplatz alles Erlernte einwandfrei abzurufen und konzentriert umzusetzen, wenn aber anderswo trainiert werden soll, klappt auf einmal gar nichts mehr. Das liegt daran, dass die Lokalität beim Trainieren kaum bis gar nicht variiert wird. Um dem entgegenzuwirken, ist Diversität in der Standortwahl wichtig.

# Denkaufgaben und -spiele zum Umsetzen

## FLASCHEN

W as jeder zu Hause hat, erweist sich als ausgesprochen geeignet, um selbst Denkspiele zu bauen: Flaschen. Eine erste Möglichkeit zu deren Benutzung ist das Einfüllen von Leckerchen in die Flasche. Der Hund soll nun seine motorischen Fähigkeiten trainieren und Geduld beweisen, wenn er die leckeren Snacks durch den Flaschenhals aus der Flasche führen muss. Hierbei ist es empfehlenswert, mit einem zylinderförmigen Behälter zu beginnen, bei dem es dem Hund ein leichtes ist, an das Leckerchen zu gelangen. Die Öffnung des Behälters bzw. der Flaschen kann nun fortlaufend verkleinert werden. Gut gereinigte Shampoo- oder Ketchup-Flaschen wären hier für einen höheren Schwierigkeitsgrad geeignet. Wenn der Hund dies beherrscht, er also bereits einige Male ohne ersichtlich großen Aufwand an die Snacks gelangt ist, können auch Wasserflaschen für den höchsten Schwierigkeitsgrad verwendet werden. Bei dieser Übung beschäftigt sich der Hund selbst, demnach wird das selbstständige Erarbeiten von Lösungen trainiert. Er wird außerdem lernen, mit Dingen umzugehen, die ihm nicht sofort gelingen. Zum Erreichen der Belohnung wird er merken, dass jedwede Hektik keinen Nutzen hervorbringt.

Eine weitere Möglichkeit für Denkspiele mit Flaschen ist folgende: das Umschubsen eines oder mehrerer Gefäße mit der Nase oder Pfote. Die Besonderheit hierbei ist, dass der Hund seine Belohnung für das Umschubsen von seinem Herrchen/Frauchen erhält. Dies stärkt die Bindung und steigert das Interesse seitens des Hundes an seinem Halter.

Eine von Ihnen ausgewählte Flasche wird hierbei vor Ihrem Vierbeiner auf den Boden gestellt und soll nun umgeworfen werden. Seine Belohnung holt sich der Hund anschließend bei Ihnen ab. Dies wird ein paar Mal wiederholt, bis eine zweite Flasche, für ihn sichtbar, dazugestellt wird. Der Hund soll nun unterscheiden, welche Flasche diejenige ist, die es zuvor umzuschubsen galt, und nur diese darf er umwerfen. Als Erweiterung kann man die Flaschenanzahl erhöhen, für noch mehr Schwierigkeit werden sie dann außerhalb seines Sichtfeldes aufgestellt, sodass er nicht beobachten kann, wie Sie das Ganze aufbauen. Die Trinkgefäße können auch in ihrer Reihenfolge getauscht werden.

Generell kann man bei diesem Spiel selbst kreativ werden: Der Hund kann sie beispielsweise auch nach Größe sortiert umwerfen, die Flaschen können aber ebenso bemalt werden, wobei er dann zwischen den unterschiedlichen Farben differenzieren muss. Aber Achtung: Hunde sehen Farben anders als Menschen. Während rote Gegenstände als braun oder schwarz wahrgenommen werden, erkennen sie blau und gelb dagegen gut.

Der Vierbeiner trainiert bei dieser Übung seine Fähigkeit, verschiedene Dinge voneinander zu unterscheiden. Es bedarf höchster Aufmerksamkeit und Konzentration, solche Aufgaben zu bewältigen. Dieses ist folglich ein etwas anspruchsvolleres Denkspiel und gut geeignet für fortgeschrittene Knobler.

## BECHER

Bleiben wir bei den Trinkgefäßen: Auch Becher lassen sich für Intelligenzspiele benutzen. Es geht darum, dass der Hund ein unter dem Becher befindliches Leckerchen aufspürt und durch Umstoßen ergattert. Dabei muss er durch Schnüffeln entscheiden, unter welchem Becher sich die Belohnung befindet. Am Anfang sollte mit nur einem Becher gestartet werden. Es eignen sich solche aus Plastik oder Papier, welche ein geringes Gewicht für einen minimalen Widerstand aufweisen. Für den Start ist es empfehlenswert, den Becher auf eine faltige Decke oder einem Teppich zu platzieren, da er hierbei leichter umzustoßen ist. Nun sollte ein Snack, für den Hund sichtbar unter den Becher geschoben werden.

Auf ein Startkommando des Besitzers darf er sich dieses dann durch Umschubsen beschaffen. Ist dies zu schwer für Ihren Hund, können Sie ihm als Hilfestellung das Leckerchen zwischen Becherrand und Untergrund einklemmen. So weiß er, auf welche Art und Weise bei diesem Denkspiel vorzugehen ist. Beherrscht er das Umstoßen gut, kann das Spiel um einen zweiten Becher ergänzt werden. Jetzt muss der Hund entscheiden, unter welchem der beiden Becher sich seine ersehnte Leckerei verbirgt.

Dieses Denkspiel kann nach diesem Prinzip unbegrenzt erweitert werden. Es können auch Becher – für den Hund sichtbar – vertauscht werden. Diese Übung birgt vor allem Nasenarbeit und gefällt vielen Hunden, die Spaß am Schnüffeln haben. Als Makrosmatiker haben Hunde nämlich einen erheblich besseren Geruchssinn als wir. Mit 220 Millionen Riechzellen hat er zehnmal so viele wie der Mensch, was sich für Such- und Intelligenzspiele gut nutzen lässt. Darüber hinaus muss der Hund höchste Aufmerksamkeit beweisen, vor allem dann, wenn Becher in ihrer Reihenfolge geändert werden. Dieses Spiel kann je nach

Gestaltungsweise sowohl einfach als auch anspruchsvoll sein und ist somit für fast jeden Hund geeignet.

## BECHER AUF DER STANGE

Bei dem Spiel, welches nun folgt, lassen sich sowohl Flaschen als auch Becher benutzen. Für den Anfang haben sich vor allem Joghurtbecher bewährt. Er muss für den Start an den jeweils gegenüberliegenden Seiten mit Löchern versehen werden, sodass die offene Seite des Bechers nach oben gerichtet ist. Durch die Löcher wird der Becher auf einer Art Stange aufgefädelt. Stöcke sind dazu eine gute und kostenarme Möglichkeit, des Weiteren eignen sich auch Gardinenstangen oder Ähnliches, eben alles, was im Haushalt zu finden ist, was nicht nachgibt oder zu dick ist.

Beim Einbohren der Löcher sollten Sie stets im Hinterkopf behalten, dass die folgende Denksportaufgabe für den Hund leichter zu bewältigen ist, je niedriger die Löcher am Becher positioniert sind. Empfehlenswert ist am Anfang also eine mittige Einbohrhöhe, sodass der Becher genau in der Mitte auf dem Stock aufgefädelt ist.

Letztendlich soll der Hund an ein Leckerchen gelangen, welches sich im aufgefädelten Becher befindet. Dies erreicht er durch Anstupsen des Bechers, wobei er genau so viel Kraft aufwenden muss, dass der Becher sich überschlägt und die Belohnung anschließend herausfällt. Wenn Ihr Vierbeiner diese Übung verstanden hat und diese mehrfach einwandfrei bewältigen konnte, so ist es an der Zeit, die Löcher etwas nach oben zu verschieben oder eine Flasche zu verwenden, welche einen kleineren Flaschenhals aufweist.

Da das Gewicht des Körpers zum Großteil nach unten verlagert wird, wenn die Löcher weiter oben am Gefäß angebracht werden, muss der Hund nun mehr Kraft einsetzen, um das zusätzliche Gewicht zu bewegen und schlussendlich zum Überschlagen zu bringen. Er lernt also, seine Kräfte richtig zu dosieren und gewinnt ein Feingefühl dafür, an welcher Stelle er diese Kraft am sinnvollsten einsetzt. Er wird auf Dauer zum Beispiel merken, dass das Stupsen am unteren Becherrand effektiver ist als das Touchieren in der Mitte, also in Löchernähe.

Falls Ihr Hund etwas unsicher sein sollte, ergibt es, so wie bei vielen Denkspielen, Sinn, den

Hund an die verwendeten Utensilien zu gewöhnen. Machen Sie ihn vertraut mit dem Geräusch, welches erfolgt, wenn Leckereien in den Becher oder die Flasche fallen gelassen werden. Erzeugen Sie Geräusche mit dem Plastik, sodass er auf diese desensibilisiert wird und sich folglich in Ruhe auf den Denksport konzentrieren kann.

## TOILETTENROLLENTURM

Der nun folgende sogenannte Toilettenrollenturmabriss ist für Hunde sinnvoll, die bereits Erfahrung im Futter-Aufspüren haben. Am besten eignen sich dafür Toilettenrollen mit Papier, diese sind nämlich weich und machen beim Umfallen keinen Lärm, vor dem sich Ihr Vierbeiner erschrecken könnte.

Bei dieser Übung hat der Hund die Aufgabe, die von Ihnen gebauten Türme abzureißen und so an die innen liegende Belohnung zu gelangen. Beginnen sollten Sie mit einem „Mini"-Turm: Stapeln Sie zwei Toilettenrollen etwas versetzt aufeinander. Nehmen Sie die obere Rolle für den Hund sichtbar herunter und legen Sie eine Leckerei auf die Oberseite der ersten. Nun können Sie die andere Rolle wieder aufsetzen. Ihr Vierbeiner kann demnach genau nachvollziehen, wo sich sein Leckerchen befindet, und kommt hoffentlich schnell auf die richtige Lösung – das Umreißen des Miniturms. Wenn er diese Übung gut beherrscht, können Sie den Turm Stück für Stück erweitern und höher bauen. Dabei lassen sich die verschiedenen Bauarten anwenden, sodass der Abriss mal leichter und mal schwerer fällt.

Für den Anfang ist es empfehlenswert, einige Belohnungen im Turm zu integrieren, später, wenn Ihr Hund zu einem richtigen Abrisskünstler geworden ist, reicht es, wenn nur im Inneren des Turms eine einzelne Leckerei verbaut wird. Das Vorteilhafte an diesem Spiel ist, dass es keine Grenzen gibt. Es lässt sich, passend zu den Fähigkeiten des Hundes, ins Unermessliche fortführen. Zu Beginn kann es gut sein, dass sich Ihr Hund beim Einstürzen des Turms erschreckt, jedoch wird er schnell immer risikobereiter und lässt sich nicht beirren. Je nach Bauweise des Turms lässt sich also sagen, dass zum Einriss Mut und Überwindung gefordert sind. Natürlich spielt auch die Hundenase wieder eine wichtige Rolle, da das Aufspüren der Leckerei ein essenzielles Element dieses Spiels darstellt. Bei sehr unerschrockenen Hunden kann man die Klopapierrollen durch Becher oder andere gering gewichtige Elemente ersetzen.

## BECHERTURM

Bei der nächsten Übung soll Ihr Hund lernen, ineinander gestapelte Bechertürme Becher für Becher „abzustapeln". Dafür benötigen Sie lediglich stapelbare (Plastik-)Becher und natürlich die Belohnungen. Sie beginnen damit, Ihren Hund aus einem Becher etwas Futter fressen zu lassen. Dies wird einige Male wiederholt, sodass der Vierbeiner lernt, wo die Leckerbissen bei dieser Übung zu finden sind. Dann wird ein zweiter Becher locker in den ersten hinein gestapelt, wobei sich in dem ersten Becher die Belohnung befindet, die der Hund nun selbst freilegen muss. Lassen Sie ihn etwas nachdenken, vielleicht kommt er von selbst darauf, den Becher mit der Schnauze, in Einzelfällen auch mit der Pfote, herauszunehmen.

Wenn Sie merken, dass Ihr Hund so gar keine Idee hat, wie er an den Snack gelangen soll, halten Sie die beiden Becher waagerecht, sodass bereits eine kleine Berührung zum Herausfallen des oberen Bechers führt und das Leckerchen so freigelegt wird. Das Ziel ist erst mal, dass der Hund überhaupt erkennt, dass der obere Becher abgestapelt werden muss. Üben Sie so lange mit den zwei Bechern weiter, bis er das Entstapeln mit der Schnauze oder Pfote problemlos beherrscht. Dann können Sie weitere Becher dazu nehmen. Dieses System lässt sich so weit fortführen, bis der Hund einen ganzen Turm abstapeln kann.

Legen Sie in den Trainingsanfängen noch in jeden Becher eine Leckerei, später können Sie dazu übergehen, die Belohnungen langsam zu reduzieren. Platzieren Sie diese zum Beispiel nur noch in jeden zweiten Becher und lassen Sie es im Laufe der Zeit immer weniger werden, bis Sie schlussendlich nur noch im untersten Becher des Stapels eine Belohnung bereithalten. Der Hund muss die Becher dann mit viel Mühe, Konzentration und motorischem Geschick Element für Element herausnehmen.

# KÜCHENPAPIERROLLEN

Wobei bezüglich des Becherspiels eher die Schnauze gefragt ist, ist bei dem nun folgenden Spiel die Pfote Mittel zum Zweck. Der Hund soll aus einer Röhre oder einer langen Papprolle, zum Beispiel der Innenrolle von Küchenpapier, eine sich darin befindliche Belohnung hervor schaufeln. Dazu sollte er zunächst in der Lage sein, die Leckerei mit der Schnauze zu ergattern. Für die Anfänge sollte die Belohnung nah an den Rand der Röhre, für den Hund gut erreichbar, platziert werden. Dies wird vorerst einige Male wiederholt, bis der Leckerbissen immer weiter Richtung Röhrenmitte geschoben wird.

Ab einer bestimmten Tiefe ist der Hund nicht mehr dazu in der Lage, den Leckerbissen mit dem Fang zu greifen. Idealerweise kommt er nun von selbst darauf, die Pfote zum Einsatz zu bringen. Warten Sie in diesem wichtigen Moment eine Weile und lassen Sie Ihren Hund überlegen. Er lernt im Übrigen viel schneller, wenn er sich einen großen Teil der Übung selbst erarbeitet. Das ist beim Menschen nicht anders: Je aktiver wir an der Lösungsfindung eines Problems beteiligt sind, desto größer ist der Lernfaktor. Natürlich ist es auch für das Selbstvertrauen ideal, Probleme selbstständig zu lösen. Grundsätzlich gilt: Genau in den Momenten, in denen der Kopf eingeschaltet werden muss, um an ein Ziel zu kommen, entstehen neue Verknüpfungen im Gehirn. Es lässt sich also behaupten, dass Ihr Hund dadurch intelligenter wird!

Deshalb noch mal: Geben Sie Ihrem Vierbeiner einige Sekunden zum Nachdenken. Bei vielen Hunden ist zu beobachten, dass sie ihren Besitzer zuerst mit fragendem Blick ansehen und so um Hilfe bitten, weil sie dies bisweilen so gelernt und sich angewöhnt haben. Diese Hilfestellung soll bei den Denkspielen möglichst nicht erfolgen.

Zurück zum Spiel: Kommt der Hund also mit der Pfote an die Röhre, ist dies der richtige Ansatz, der durch ein leichtes Kippen der Röhre belohnt werden sollte, wobei die Belohnung dann hervorkommt. Verlangen Sie anschließend immer mehr von Ihrem Hund, bis er seine Pfote vollständig in die Röhre schiebt und sich seine Belohnung ohne Ihr Zutun selbst holt.

Ist es so weit, kann nun variiert werden: Halten Sie die Rolle höher oder tiefer, unter ein

Hindernis wie einen Stuhl oder legen Sie sie auf den Boden. Außerdem kann ich folgende Bastelidee empfehlen: Nehmen Sie sich eine Unterlage aus Plastik oder Pappe und ein paar Küchenrollen. Kleben Sie diese nun nebeneinander auf die Unterlage. Wenn Sie möchten, schneiden Sie nun kleine Löcher in die Papprollenoberseite, um diese folglich leichter mittig befüllen zu können. Das Loch sollte hierbei so klein sein, dass weder Schnauze noch Pfote des Hundes durch das Loch passen. Nun haben Sie Ihrem Vierbeiner sein eigenes Intelligenzspielzeug selbst gebastelt! Nach Lust und Laune kann dies nun immer wieder befüllt werden. Aber denken Sie daran: Stellen Sie das Spielzeug immer nur ein paar Minuten zur Verfügung.

## KOCHLÖFFEL

Für die nächste Übung benötigen Sie ein typisches Utensil aus der Küche: einen Kochlöffel aus Holz. Bei diesem Denkspiel soll der Hund die breite Seite des Kochlöffels mit der Nase berühren.

Das Kommando „Touch", welches dafür später verwendet werden soll, kann vorerst sehr gut ohne Hilfsmittel antrainiert werden. Dabei soll der Hund zunächst Ihre Handinnenfläche berühren. Normalerweise geschieht das von selbst, da Hunde die Tendenz haben, eine flach vor Ihnen präsentierte Hand zu beschnuppern. Genau dieses Verhalten loben Sie nun: Jede Berührung mit der Hundenase führt zu einem Stück Futter oder, falls Sie mit dem Clicker arbeiten, vorher zu einem Click. Dies wiederholen Sie so oft, bis der Hund die Berührung einwandfrei beherrscht. Das dauert in der Regel nicht allzu lange.

Bei diesem Spiel empfiehlt sich übrigens das Arbeiten mit einem Clicker besonders, da der Moment, indem touchiert wird, meist nur sehr kurz ist. Das Kommando „Touch" nehmen Sie erst dann dazu, wenn die Berührung sicher funktioniert. Dabei konditionieren Sie Ihren Vierbeiner auf das Kommando, indem es parallel zur Ausübung der Handlung ausgesprochen wird. Nach Festigung des „Touch" können Sie für den weiteren Verlauf einen Klebezettel benutzen (Bürobedarf). Dieser wird auf die Handinnenfläche gehaftet, genau dort, wo Ihr Hund Sie normalerweise „toucht". Dies wiederholen Sie einige Male, bevor Sie beginnen, andere Objekte mit demselben Klebezettel zu bekleben.

Jetzt kommt wieder die Intelligenz Ihres Vierbeiners ins Spiel: Er soll nun eine Parallele ziehen und von selbst darauf kommen, dass der Klebezettel berührt werden soll. Hat Ihr Hund das verstanden, so können Sie nach diesem Erfolg an unterschiedlichen Gegenständen ausprobieren und üben. Den Klebezettel braucht es sogar nach einiger Zeit gar nicht mehr. Es reicht, wenn Sie Ihrem Hund den zu berührenden Gegenstand zeigen und das Kommando „Touch" aussprechen.

In dem Augenblick, in dem all das funktioniert, kommt der Kochlöffel ins Spiel: nehmen Sie ihn in die Hand und lassen Sie Ihren Hund die breite Seite des Löffels berühren. Halten Sie den Löffel abwechselnd hinter sich, vor sich, mal höher, mal tiefer usw. Er kann auch auf den Boden gelegt werden oder beispielsweise auf einen Stuhl. Wenn das Touch-Kommando richtig sitzt, dann kann der Hund jeden Gegenstand – egal welchen – in jeder Umgebung berühren. Dabei muss jedes Mal eine Transferleistung erbracht werden, welche am Anfang der Übung jedoch deutlich intensiver und anspruchsvoller ist als später. Dies ist übrigens bei fast allen Spielen so, weshalb es auch wichtig ist, die Denkspiele stets abzuwechseln und regelmäßig eine neue Denksportaufgabe in den Alltag zu integrieren.

## SCHACHTELN

Auch mit leeren Schachteln lässt sich so einiges anstellen. Eine einfache Methode, den Hund zu beschäftigen, ist das Befüllen von z. B. Schuhkartons, Geschenkschachteln oder Käseschachteln mit Snacks. Für den Anfang ist es besser, wenn sich diese leicht öffnen lassen, später kann man auch verzahnte Deckel zurate ziehen. Bereichern lässt sich das Ganze noch, indem man die Schachteln mit Füllmaterial aus Papier oder einem anderen geeigneten Material befüllt.

Vielen Hunden bereitet das Spielen mit Pappe Spaß, und so wird auch schon mal gern ein Stück Papier zerfetzt oder der Schuhkarton durch die Behausung getragen, nachdem die Belohnung ergattert wurde. Für fortgeschrittene Denker lässt sich das Spiel folgendermaßen erweitern: Es werden mehrere Schachteln ineinander verpackt und nur in die Kleinste, welche ganz innen liegt, werden

Leckerchen eingefüllt. Nun braucht es etwas mehr Geduld, um das Konstrukt zu zerlegen. Auch hier kommt hauptsächlich der Geruchssinn zum Einsatz. Der Hund muss aber auch überlegen, wie er den Karton nun öffnen kann, ohne dass er auf dem rutschigen Boden ständig entweicht. Dieses Denkspiel ist eher anspruchslos.

## SCHUBLADEN

Eine weitere Idee, die sich ebenfalls mit Pappe gut umsetzen lässt, ist der Einsatz von flachen Schachteln, Schubladen oder leeren Keks-Packungen. Es geht darum, dass der Hund eine Schachtel/Schublade an einem Bändchen heraus- oder hervorziehen kann.

Als Beispiel möchte ich hier das Hervorholen der Schachtel unter einem flachen Möbelstück erläutern. Hierzu nehmen Sie sich eine geeignete Schachtel aus der Küche oder einen kleinen Deckel einer Geschenkschachtel. Alternativ können Sie sich die Schachtel auch einfach selbst basteln. Schneiden Sie nun einen kleinen Schlitz in die kurze Seitenwand und schieben Sie ein Band, zum Beispiel ein Geschenkband, hindurch, welches für den Hund gut greifbar ist. Es sollte demnach zum einen für Ihren Vierbeiner deutlich sichtbar (nicht rot) und zum anderen nicht zu dünn sein. Verknoten Sie es nun an den beiden offenliegenden Enden, sodass Sie eine Schlaufe erhalten.

Befüllen Sie die Schachtel anschließend mit Futter und schieben Sie sie unter ein flaches Möbelstück. Der Hund muss sich jetzt überlegen, wie er am besten an das Futter gelangt. Idealerweise ist das Packen des Bändchens mit der Schnauze die erste Wahl, wenn er es allerdings mit der Pfote machen möchte – auch gut! Ähnlich funktioniert es mit der Keksschachtel. Sie besteht in der Regel aus Pappe und besitzt innen eine herausziehbare Plastikschublade, in der jeweils in jedem Fach 4 – 5 Kekse eingelagert werden, welche Sie natürlich essen dürfen. Die beiden Pappenden der leeren Keksschachtel schneiden Sie ab, sodass Sie die innen liegende Plastikschublade an den äußeren Enden sehen können. Nun können Sie an beiden Enden Bändchen befestigen und die Leckerchen dann jeweils in die einzelnen Fächer füllen. Dieses Spiel ist etwas schwieriger als das einfache Hervorholen der Schachtel unter einem Schrank.

Sie können für eine erweiterte Variante auch richtig kreativ werden. Bauen Sie mehrere herausziehbare Schubladen aus Pappe und kleben Sie sie auf einer Papp- oder Plastikunterlage übereinander. Ihr Hund muss nun nicht mehr nur eine Schublade öffnen, sondern direkt ein ganzes Schubladensystem bewältigen. Legen Sie vielleicht das Ende der Unterlage unter ein Stuhl- oder ein Tischbein, während Ihr Vierbeiner versucht, an die Leckerbissen zu gelangen. So verhindern Sie übermäßiges Rutschen auf dem Boden. Diese Übung dient dazu, dass Ihr Hund eine präzise Umgangsweise mit seinem Fang erlernt. Das fragile Bändchen muss zielgenau gepackt werden: Hier ist kein Platz für Grobmotorik! Gerade für Hunde, deren Temperament auch mal zum Ausbrechen neigt, eignet sich dieses Spiel gut. Beachten Sie dabei, dass es natürlich eine Weile dauern kann, bis Ihr Hund verstanden hat, dass geduldige Feinarbeit zum Ziel führt.

## WASSERBECKEN

Mag Ihr Hund Wasser? Falls ja, wird ihm die folgende Übung nicht schwerfallen. Falls nein, ist es jetzt an der Zeit, dies zu ändern! Der Hund soll hierbei nämlich Snacks aus einer Schale Wasser herausfischen. Wichtig ist, dass die Leckerchen, die Sie benutzen, schwer genug sind, damit sie in der Schale untergehen. Die Schale mit dem Wasser sollte vorerst nicht allzu hoch sein. Die Wassereinfüllhöhe kann ungefähr 2 bis 3 cm betragen, abhängig davon, wie lang die Schnauze des Vierbeiners ist.

Bauen Sie die Wasserschale vor den Augen Ihres Hundes auf und lassen Sie die Leckereien für ihn sichtbar hineinfallen. Auf Ihr Kommando hin darf er dann loslegen: Er muss sich nun eine Lösung dafür überlegen, wie er an die ersehnten Leckerbissen herankommt. Womöglich wird er versuchen, das sich darunter befindliche Handtuch wegzuziehen. Vielleicht versteht er aber auch schnell, dass er die Leckerchen mit der Schnauze herausholen muss.

Das Lehrreiche hierbei ist, dass der Hund das Wasser als Hemmschwelle überwindet und so eine Herausforderung selbst bestreitet. Sich zu etwas zu überwinden, stärkt das Selbstbewusstsein und steigert die Risikobereitschaft genauso wie den Mut. Sie können Ihren Vierbeiner bei diesem

Spiel ruhig loben, wenn er sich couragiert zeigt und die Schnauze in das Wasser taucht oder das Leckerchen gar ganz herausholt.

Wenn Ihr Hund einmal verstanden hat, worum es geht, und erkennt, dass Wasser vollkommen harmlos ist, dann können Sie als Variation des Ganzen die Füllhöhe verändern. Füllen Sie jedes Mal etwas mehr Wasser ein und wechseln Sie zwischen unterschiedlichen Gefäßen ab.

Für Fortgeschrittene: Auch mit der Wassertemperatur kann variiert werden. Benutzen Sie mal kaltes und mal warmes Wasser, sodass sich der Hund in jeder Runde an ein anderes Gefühl gewöhnen muss.

## SCHACHTELWÜHLEN

Das Ziel des nächsten Denkspiels ist es, dass Ihr Hund Gegenstände aus einer Schachtel heraus räumt, um an die darunter befindlichen Leckerchen zu gelangen. Ideal eignet sich ein Schuhkarton. Diesen können Sie nun so befüllen, dass die Objekte in den Kartonboden „geklemmt" werden. Dazu eignen sich Bälle, alternativ kann man auch einige leere Toilettenpapierrollen senkrecht im

Karton fixieren. Nun werden die Leckerbissen so darin verstreut, dass Sie sich auf dem Kartonboden, also unter bzw. zwischen die Rollen oder den Bällen, festsetzen.

Da die Objekte im Karton fixiert sind, kann Ihr Vierbeiner diese nicht so leicht zur Seite schieben. Er muss aktiv drücken und lockern und ggf. einen Ball oder eine Rolle herausnehmen, bevor er durch Wühlen an seine Belohnung gelangt. Mit der Zeit kann man beispielsweise immer weniger Snacks im Karton verstecken, sodass es immer mehr Mühe erfordert, die entsprechende Stelle, an der sich das Leckerchen befindet, freizulegen.

Fairerweise ist dies nun die richtige Stelle, um darauf hinzuweisen, dass eine höhere Intelligenz und mehr Geschick des Hundes auch dazu führen können, dass mal das eigene Hab und Gut durchwühlt werden, während man einkaufen ist. Je nachdem, was Ihr Hund bereits gelernt hat, werden Schubladen und Türen geöffnet oder Müll aus dem Papierkorb ausgeräumt. Denken Sie also gut darüber nach, was Sie Ihrem Vierbeiner beibringen, denn angelerntes Wissen kann er gegen Sie verwenden.

## SOCKEN

Wäre es nicht toll, wenn Sie sich gar nicht mehr bewegen müssten, um Ihre Socken auszuziehen, während Sie entspannt auf dem Sofa liegen? Und vielleicht müssten Sie sie nicht einmal in den Wäschekorb befördern. Bei diesem Denkspiel können Sie Ihrem Hund Schritt für Schritt beibringen, wie er Ihnen die Socken vom Fuß zupft. Dabei eignen sich für den Beginn grobmaschige Socken und tolle Leckereien sowie zusätzlich ein Clicker, wenn Sie wollen.

Der Hund soll vorerst lernen, dass die Socke ins Maul genommen werden kann. Eine ideale Grundlage dafür stellt das Apportieren dar: Geben Sie ihm die Socke und belohnen Sie ihn, wenn er diese ins Maul nimmt, auch, wenn er sie vorerst nur sehr kurz hält. Ist Ihr Hund noch nicht so weit, so beginnen Sie damit, jedes Interesse an der Socke ausgiebig zu belohnen, bis er selbst auf die Idee kommt, die Socke mit dem Fang aufzunehmen.

Im nächsten Schritt ziehen Sie sich die Socke vorsichtig und locker über die Hand, sodass es für den Hund ein Leichtes ist, diese abzuzupfen. Sie können die Handlung nun auch mit dem Kommando „Zieh" verknüpfen, sodass Sie die geforderte Tätigkeit auch in Zukunft gezielt abrufen können. In den weiteren Verläufen wird das Ganze immer straffer und das Abstreifen gestaltet sich nach und nach immer aufwendiger.

Wenn Ihr Vierbeiner das sichere Abzupfen von der Hand beherrscht, ziehen Sie sich die Socke über den Fuß und versuchen Sie es dort. Wenn Ihr Hund nun in der Lage ist, das Konzept direkt von der Hand auf den Fuß zu übertragen, ist dies ein großer Erfolg, den es ausführlich zu loben gilt. Die grobmaschige Socke können Sie nun auch gegen eine normale tauschen, wobei der Anspruch an Ihren Vierbeiner dadurch wiederum wächst, da sich die Griffigkeit vermindert.

Die Belohnungen gibt es immer aus der Hand des Halters, die Socke kann außerdem nach dem Ausziehen liegen gelassen oder direkt für das sogenannte „Aufräumen" weiterverwendet werden, welches im folgenden Absatz beschrieben wird.

## AUFRÄUMEN

Etwas anspruchsvoller wird es nun also beim Aufräumen bzw. gezielten Verlegen von Gegenständen. Ziel ist es unter anderem später, dass Ihr Hund ein kleines Objekt, welches auf einem Teller liegt, greift und auf einen weiteren, entfernten Teller verlegt. Grundlage dafür ist das sogenannte Aufräumen, bei dem ein Gegenstand von einem Ort zum anderen getragen wird (z. B. Müll in den Mülleimer, Socken in den Wäschekorb, ...). Dafür ist es ideal, wenn Ihr Hund bereits das Apportieren beherrscht.

Üben lässt sich das Aufräumen zum Beispiel mit einem Papierknäuel und einem Mülleimer oder einer flacheren Kiste, irgendetwas, bei dem der Hund ohne Probleme über den Rand hinwegschauen kann. Auch im Anschluss an die vorherige Socken-Übung kann der Hund nun lernen, den Socken auch noch in den Wäschekorb zu befördern.

Zu Ihrem Vierbeiner kann zuallererst das Objekt, zum Beispiel der Papierball oder die Socke, geworfen werden, sodass er ihn mit seinem Fang packt und aufhebt. Er wird nun das Bestreben haben, sein Objekt in Ihre Hand zu geben. Anders als sonst, kann man dabei die eigene Hand über den Wäschekorb/Karton/Mülleimer halten und dann wegziehen, wenn der Hund den Gegenstand in Ihre Hand geben möchte, sodass das Objekt dort hineinfällt. Dies wird mit dem Kommando „Aufräumen" verknüpft. Es wird genau in dem Augenblick ausgesprochen, in dem der Gegenstand herunterfällt. Danach wird belohnt.

Nachdem dies einige Male wiederholt wurde, kann der Behälter stets weiter entfernt von der eigenen Hand platziert werden.

Das Aufräumen wird dabei also an unterschiedlichen Orten und mit unterschiedlichen Objekten geübt. Das fordert den Hund geistig auch über lange Zeit sehr gut, weil man stets zwischen Behälter, Objekt und Ort variieren kann.

Wenn das „Aufräumen" gut verinnerlicht wurde, so ist es an der Zeit, noch einen zusätzlichen Schwierigkeitsgrad in Angriff zu nehmen: Dazu nehmen Sie sich zwei Teller und stellen diese in kleinem Abstand zueinander auf den Boden. Auf den einen Teller legen Sie ein kleines, mit dem Maul gut greifbares Objekt. Das kann zum Beispiel ein Klebestift, ein Korken oder auch ein

Spielzeug sein, wenn Ihr Hund damit ruhig umgeht. Besser sind allerdings bisher unbekannte Objekte. Schauen Sie sich einfach mal im Haus um und beachten Sie bei der Auswahl natürlich auch die Größe Ihres Hundes.

Der Hund hat nun die Aufgabe, das Objekt zu greifen und es auf dem anderen Teller zu deponieren. Es kann gut sein, dass er das Aufheben bereits von selbst anbietet, dadurch, dass ihm das Aufräumen als Grundlage schon bekannt ist. Lassen Sie ihn nun selbst überlegen und kommentieren Sie nichts, während Ihr Hund einige Zeit darüber nachdenkt, was er nun mit dem Objekt in seinem Maul machen soll. Falls er nicht selbst auf die Idee kommt, den Gegenstand auf den zweiten Teller zu legen, so deuten Sie auf diesen. Eventuell versteht er die Geste und weiß nun, was zu tun ist. Wenn also dieser besonders anspruchsvolle Anfang überwunden ist und der Vierbeiner beispielsweise den Korken von einem zum anderen Teller transportieren kann und das jeweils hin und zurück, so kann man den Abstand der Teller zueinander variieren.

Auch dieses Spiel lässt sich auf kreative Art und Weise beliebig im Schwierigkeitsgrad erhöhen. So kann man nach einer Weile den Teller zum Beispiel in einen anderen Raum verlegen, sodass Ihr Hund diesen erst suchen muss, ehe er den Gegenstand dort ablegt. Das Gute an diesem Denkspiel ist nicht nur die hohe geistige Leistung, die dem Hund hier abverlangt wird, sondern auch die Bindungsstärkung zwischen Ihnen und Ihrem Hund, da Sie in diesem Spiel derjenige sind, der die Belohnung ausgibt.

## HANDTUCH AUSROLLEN

Für die nächste Übung benötigen Sie ein Handtuch oder eine kleine Decke. Die Absicht ist, dass der Hund mit seiner Schnauze ein wie ein Teppich aufgerolltes Handtuch entrollt und sich somit die innen liegende Belohnung schnappt. Für den Anfang können zahlreiche Leckereien benutzt werden. Ca. 2 cm unter dem oberen Rand des flach auf dem Boden ausgebreiteten Handtuchs werden 2 bis 3 der Snacks waagerecht in einer Reihe auf gleicher Höhe ausgelegt. Nun wird diese Reihe einmal umgeklappt, sodass die Leckerbissen nicht mehr zu sehen sind. Jetzt wird die nächste Reihe ausgelegt und das Handtuch wird anschließend wieder umgeklappt. Dies geschieht so lange, bis das ganze Handtuch aufgewickelt ist und sich in der kompletten Rolle verlockende Leckereien befinden. Ihr Hund kann bei diesem Prozess ruhig zusehen.

Er soll nun mit der Nase das Handtuch Stück für Stück aufrollen, sodass er die zum Vorschein kommenden Snacks dann jeweils verspeisen kann. Die Schwierigkeit dabei ist zusätzlich, dass die Handtuchrolle auf einem glatten Boden wegrutscht. Ihr Hund wird im Laufe der Übung feststellen, dass er das bereits entrollte Handtuchstück mit der Pfote festhalten bzw. sich daraufstellen muss.

Nach einiger Zeit kann man die Menge der Leckerchen so lange reduzieren, bis nur noch im tiefen Inneren der Rolle welche zu finden sind. Alternativ kann man, wenn der Vierbeiner die Übung gut beherrscht, ein größeres Handtuch benutzen. Haben Sie gewusst, dass ein Hund beim Schnüffeln 200- bis 300-mal pro Minute atmet? Deshalb ist diese Übung nicht nur geistig, sondern auch körperlich anspruchsvoll. Vielleicht werden Sie merken, dass Ihr Hund nach längerem Ausführen der Übung ordentlich Durst hat. Er trinkt dann etwas, um seine Schleimhäute somit wieder zu befeuchten.

## SCHNÜFFELTEPPICHE

Wenn wir schon beim Schnüffeln sind: Es ist eine große Variation an Schnüffelteppichen im Online-Fachhandel erhältlich. Bei solchen werden ebenfalls Leckereien versteckt, welche dann vom Hund erschnüffelt und herausgeangelt werden müssen. Für den Anfang eignet sich die gängige Variante. Der Schnüffelteppich ähnelt hierbei einer Stoffwiese und ist geeignet, wenn Sie den Hund erst mal mit Schnüffelteppichen vertraut machen möchten. Größere Modelle beinhalten auch zusätzliche Taschen, Fächer und Laschen für einen höheren Schwierigkeitsgrad. Die einzelnen Leckerchen können damit noch gezielter versteckt werden.

## LECKERCHENSUCHE AUF DEM BAUM

Die nächste Übung ist zur Abwechslung mal für draußen besonders gut geeignet und kann bei jedem Spaziergang eingebaut werden. Sie stellt eine Erweiterung zur Leckerchensuche auf dem Boden dar. Hierbei werden die Snacks zwischen Baumwurzeln und in der Baumrinde von stehenden oder umgestürzten Bäumen versteckt. Der Sinn ist die dreidimensionale Futtersuche, die zum Klettern, Springen und natürlich zum Denken animiert. Für mehr Schwierigkeit können Stellen ausgewählt werden, die für den Hund schwer erreichbar sind, sodass er aktiv darüber nachdenken muss, wie er an das ersehnte Futter gelangt. Hier ist wieder die Fähigkeit zum selbstständigen Nachdenken und Handeln gefordert, zugleich werden auch neben dem Geruchssinn das Gleichgewicht und einige Muskelgruppen trainiert.

## FORMEN UNTERSCHEIDEN

Nun wird es im Folgenden etwas komplizierter, denn Ziel dieses Denkspiels ist es, dass der Hund lernt, Formen voneinander zu unterscheiden. Dabei ist es wichtig, dass man über zwei gleichwertige, nicht zu große Gegenstände verfügt. Das können zum Beispiel Glas- oder Topfuntersetzer sein. Die entsprechenden Formen lassen sich aber auch gut selbst basteln. Ich rate Ihnen, mit einem Quadrat und einem Kreis anzufangen, da diese leicht voneinander zu unterscheiden sind. Die Formen werden grundsätzlich in der Hand auf Höhe des Hundes gehalten.

Im Kopf entscheiden Sie sich für eine von ihnen und halten nur diese Ihrem Hund vor die Nase. Der Hund soll dabei selbst herausfinden, was Sie nun von ihm verlangen. Touchiert Ihr Hund die Form, bekommt er die Belohnung aus Ihrer Hand. Nachdem Sie das dann einige Male mit derselben Form wiederholt haben, nehmen Sie eine zweite dazu, wobei er nun ohne Hilfe wählen muss, welche die richtige anzustubsende Form ist. Er soll diejenige identifizieren, die er zuvor einzeln in Ihrer Hand berührt hatte.

Nachdem dies dann ebenfalls flüssig klappt, können Sie die Objekte als Erweiterung auf den Boden legen und zwischendurch auch ihre Position tauschen. Abgewandelt kann diese Übung auch mit Farben durchgeführt werden. Dabei wird zwar die gleiche Form präsentiert, jedoch in unterschiedlicher Farbe, beispielsweise ein gelbes und ein blaues Quadrat. Über dieses Prinzip kann man auch mit Spielkarten üben. Ist Ihr Hund schon ein richtiger Profi, kann er lernen, die Dame vom Buben zu unterscheiden oder unter vielen Karten das Ass ausfindig zu machen. Im generellen Fokus hierbei steht die Zuordnung einer Aktion zu einer bestimmten visuellen Gegebenheit. Dieses Denkspiel ist eine kognitiv anspruchsvolle Leistung, die am Anfang etwas Geduld erfordern kann. Diese zahlt sich aber aus, da das Spiel nicht nur das kognitive Denken sehr fördert, sondern auch das Band zwischen Hund und Halter enger werden lässt.

## COMPUTERSPIELE

Nun, lieber Hundehalter, gibt es einen kleinen Exkurs in die digitale Welt. Die veterinärmedizinische Universität in Wien veröffentlichte 2017 einen Artikel mit dem Namen: „Utilising dog-computer interactions to provide mental stimulation in dogs especially during ageing". In der Studie wurden einigen Hunden computerbasierte Denkspiele vorgelegt, welche es mit einem Touchscreen zu bedienen galt. Die Tiere brauchten etwas Zeit, um sich an den Screen zu gewöhnen, konnten die Aufgaben allerdings mithilfe von

Belohnungen wie erhofft erledigen. In dem Artikel wird betont, dass lebenslanges Lernen für Hunde von außerordentlicher Wichtigkeit sei, auch, um die geistigen Fähigkeiten im Alter aufrechtzuerhalten. Man hoffe, Computerspiele würden sich in Zukunft vermehrt in die Haushalte der Hundebesitzer etablieren.

## ZÄHLEN

Meine persönliche Lieblingsdenksportaufgabe ist das Zählen, dessen Aufbau ich in diesem Abschnitt beschreiben werde. Das Bestreben dahinter ist das Ausbilden der Fähigkeit, Mengen zu unterscheiden. Dazu kann alles verwendet werden, was gleichwertig und in größerer Zahl verfügbar ist. Natürlich sollten die Objekte gut sichtbar sein und keine Verschluckungsgefahr bestehen. Dazu eignen sich Steine, Bälle o. ä., wenn Ihr Hund draußen allerdings gern Steine sammelt, nehmen Sie diese lieber nicht.

Anfänglich wird eines der Elemente vor dem Hund auf den Boden gelegt und „eins" gesagt. Sobald der Hund dieses daraufhin berührt, wird er belohnt. Nun werden zwei weitere Elemente in kleiner Distanz neben das erste gelegt, dabei wird „zwei" gesagt. Auch diese beiden sollen daraufhin angestupst werden. Das Ganze wird so lange wiederholt und abgewechselt, bis der Hund „eins" und „zwei" erlernt hat und diese unterscheiden kann. Dann können weitere Zahlen wie „drei" und „vier" hinzugefügt werden.

Diese Übung kann endlos fortgeführt werden, ganz, wie Ihr Hund es schafft oder wie Sie Lust dazu haben. Allemal ist diese Übung ebenfalls kognitiv anspruchsvoll und sorgt, genauso wie in der vorherigen Übung dafür, dass Ihr Hund ein aufmerksames Auge fürs Detail bekommt. Bei solchen Übungen ist immer zu berücksichtigen, dass alte Hunde häufig gar nicht mehr dazu fähig sind, solch kleine Elemente optisch auseinanderzuhalten.

## INTELLIGENZSPIELZEUGE AUS DEM FACHHANDEL

Als Letztes möchte ich Sie kurz zu gekauftem Intelligenzspielzeug beraten, welches in einer Vielzahl im Fachhandel angeboten wird. Das Wichtigste ist, dass auch ein solches

Intelligenzspielzeug nur kurzweilig zur Verfügung steht. Lassen Sie es nicht dauerhaft für den Hund zugänglich auf dem Boden stehen. Kurze 10- bis 15-minütige Sessions reichen bei dem passenden Spielzeug aus, um Ihren Hund so richtig zu fordern. Darüber hinaus empfiehlt es sich, unterschiedliche Schwierigkeitsgrade anzubieten, je nachdem, wie weit der Hund in seinem Übungsstand ist. Es gibt Intelligenzspielzeuge, die aus einzelnen Modulen bestehen. Diese sind austauschbar und auf Dauer günstiger, als wenn ständig neue Spielzeuge gekauft werden müssen, weil der Hund schnell lernt und die erwünschte Ambition dadurch verloren geht.

Falls während des Spiels Frust eintritt, so machen Sie eine kurze Pause und besänftigen Sie Ihren Hund durch Übungen, die er gut kann. Wenn Ihr Vierbeiner zu Zerstörung neigt, achten Sie beim Kauf darauf, dass kein Plastik verarbeitet wurde, denn einzelne herausgebrochene Stücke können sehr scharfkantig sein. Probieren Sie ansonsten einfach aus, was Ihnen gefällt. Die genauen Vorlieben des eigenen Hundes bemerkt man meistens sowieso erst nach dem Kauf.

# Spaß und Motivation sind das Wichtigste

Der Sinn hinter Denkspielen sind kurz- sowie langfristig Ausgeglichenheit und Freude an der gemeinsamen Arbeit. Das gilt nicht nur für den Hund: Auch der Halter wird feststellen, dass es großen Spaß bereitet, seinen Hund dabei zu beobachten, wie er Fortschritte macht und schwierige Herausforderungen selbst meistert. Damit diese Motivation und Freude bestehen bleiben, ist es wichtig, dass die Denkaufgaben nur im Zusammenhang mit guter Laune und einer optimistischen Grundeinstellung ausgeführt werden. Wenn Sie mal einen schlechten Tag oder gerade überhaupt keine Lust haben, mit Ihrem Hund Intelligenzspiele zu bestreiten, dann nehmen Sie sich die Zeit für sich und setzen Sie die Spiele zu einem anderen Zeitpunkt fort.

Nicht jeder ist immerzu in der passenden Laune und kann sich zu jedem Zeitpunkt für Hundedenksport begeistern. Wie bereits erwähnt: Ein Hund lernt Umwelt-spezifisch. Wenn er also eine Tätigkeit ausübt, wird diese mit allen bestehenden Eindrücken der Umwelt und dem eigenen Befinden verknüpft. Und wie Sie sicherlich wissen, sind unsere feinfühligen Vierbeiner sehr gut dazu in der Lage, unsere Stimmung zu analysieren und einzuordnen. Häufig überträgt sich diese auch auf das Tier. Der Hund wird dann eine Verknüpfung herstellen, beispielsweise zwischen einem spezifischen Denkspiel und dem Gefühl Frust, ganz gleich, ob es nun von Ihnen stammt oder von Ihrem Hund. Deshalb ist Regel Nummer eins: Haben Sie Spaß und seien Sie positiv!

Ermutigen Sie Ihren Hund weiter, helfen Sie ihm, wenn nötig, und zeigen Sie, dass Sie ihm als engstem Vertrauten helfen, an sein Ziel zu gelangen, wenn er es allein nicht schafft. Beeinflussen Sie Ihren Hund, indem Sie positive Energie ausstrahlen und ihm zeigen, dass er sich bei Ihnen sicher und wohlfühlen kann. Erinnern Sie sich an den Moment, in dem Sie entschieden haben, einen Hund bei sich aufzunehmen? In diesem Moment haben Sie sich auch dazu entschieden, die Verantwortung für das Leben dieses Vierbeiners zu übernehmen. Er kann sich nur noch ganz allein auf Sie verlassen und muss darauf vertrauen, dass Sie ihm alles geben, was er benötigt. Der Hund kann unter den Umständen der „Gefangenschaft" nicht für sich selbst sorgen und benötigt für ein glückliches Leben artgerechte Nahrung, Wasser, einen trockenen Schlafplatz, Auslastung, Beschäftigung und vor allem auch Zuneigung.

Ein Hund unterscheidet sich zwar körperlich stark von uns Menschen, jedoch ist die Verantwortung dieselbe, wie es bei einem Kind der Fall ist. Wie dieses ist er hilflos ohne unsere Fürsorge, er liebt uns, egal, was wir für ihn tun oder auch nicht tun, und er hat es verdient, so gut behandelt zu werden, wie es uns möglich ist. Für die Liebe, die er uns gibt, ohne etwas zu erwarten, für seine Ehrlichkeit und einfach für seine Existenz, die unser Leben so sehr bereichert. Wir Menschen haben den Tieren ihre Freiheit geraubt. Wir können sie ihnen aber zurückgeben, indem wir ihnen ermöglichen, sich so auszuleben, wie es ihrem Naturell entspricht.

Herstellung und Verlag:

BoD – Books on Demand, Norderstedt

ISBN: 9783756209156